Conseils aux chasseurs de vipères

William Henry Hudson

Conseils aux chasseurs de vipères

suivi de

Un bois de pins près de la mer

*traduit de l'anglais et préfacé
par Patrick Reumaux*

édition ornée de treize illustrations

Klincksieck

DE NATVRA RERVM

collection dirigée par
Xavier Carteret et Patrick Reumaux

Parus

Patrick Reumaux, *Chasses fragiles. Un flâneur parmi les herbes*
Patrick Reumaux, *Les Tueurs*
Jean de Bosschère, *La Fleur et son parfum*
William Henry Hudson, *Chants d'oiseaux*

À paraître

Xavier Carteret, *Les champignons mortels d'Europe*
Eugène Le Moult, *Mes chasses aux papillons*

Conseils aux chasseurs de vipères
« Hints to Adder-seekers », in *The Book of a Naturalist*,
New York, George H. Doran Company, 1919, chap. ɪɪ, p. 15-32.

Un bois de pins près de la mer
« A Wood by the See », in *Adventures Among Birds*,
Londres, Hutchinson & Co., 1913, chap. ᴠɪ, p. 58-65.

Automne 1912
« Autumn, 1912 », *ibid.*, chap. xxᴠɪ, p. 280-294.

Adieu aux ailes
« Wild Wings : A Farewell », *ibid.*, chap. xxᴠɪɪ, p. 295-311.

© Klincksieck, 2015
isbn 978-2-252-03965-6

Hudson, l'homme aux oies

Vingt-quatre volumes, allant de l'enfer vert jusqu'à un étonnant opuscule sur la chasse aux vipères, en passant par les quatre saisons du Hampshire et mille promenades à travers les petites choses, composent les œuvres complètes de William Henry Hudson, qui n'est plus lu, ni en France, où on ne lit guère, ni en Angleterre, pays de la Royal Society for the Protection of Birds[1].

Sans doute l'image de la pampa (il est né en Argentine) se présentait encore dans l'œil de Hudson mort, au point que Edward Garnett crut voir dans sa dépouille celle d'un chef indien ou d'un gaucho. Plusieurs livres (*Far Away and Long Ago* est le plus célèbre) témoignent de cet amour, et il faut savoir que Hudson alla jusqu'au fin fond de la Patagonie pour découvrir un oiseau qui porte son nom, *Tyrannus Hudsoni*, le tyran de Hudson.

---

1. La Royal Society for the Protection of Birds (R.S.P.B.) à laquelle Hudson légua tous ses droits d'auteur compte aujourd'hui plus d'un million de membres, plus que les trois principaux partis politiques de la Grande-Bretagne, réunis.

C'est peut-être, comme le suggère Pierre Leyris, « la haine de la transparence »[2] qui a précipité Hudson aux oubliettes, mais c'est aussi certainement notre myopie et notre surdité qui nous empêchent d'apercevoir un loriot dans le feuillage et de distinguer le chant d'un merle de celui d'une grive.

Toute l'œuvre de Hudson est un chant d'oiseau filé, ce qui le rend difficile à traduire, non au niveau du sens, mais du son. Dans *Green Mansions*[3] (son chef-d'œuvre, comme on dit), Hudson invente une femme qui est en même temps un oiseau et situe l'idylle au cœur de l'enfer vert, en plein paradis terrestre.

Par métonymie, il épouse une cantatrice probablement écossaise, pour son malheur ignorant combien sont redoutables les cantatrices, et combien les Écossaises. Pendant des années, il vit assez misérablement à Londres, ressemblant, dans les rues de la ville, à un faucon sur le point de s'envoler.

Quand vient la gloire, il sait que c'est trop tard, car il y a beau temps qu'avec la jeunesse la pampa a foutu le camp, et il ne brille jamais que des feux de bivouac dans la mémoire.

Il lui reste cependant l'Angleterre à arpenter, il a encore maints livres à écrire (parmi les plus beaux) et toujours un feu étrange dans les traits : « La source vive du génie de Hudson, écrit Edward Garnett, était un feu intérieur d'émotions, et d'amour, et de colère, et de pitié, qui perçait

2. Préface à W. H. Hudson, *El Ombu*, Paris, Mercure de France, coll. « Domaine anglais », 1964.
3. *Vertes demeures*, trad. P. Reumaux, Paris, Éditions Jean-Cyrille Godefroy, 1982 ; rééd., Éditions du Seuil, coll. « Points », 1984.

sous le masque de l'observateur et étincelait dans ses yeux en réponse à la beauté, celle de la nature ou d'une femme, des oiseaux, ou des plantes, ou des arbres, ou des cieux, ou de leur mère la terre. »[4]

Voyageant à pied, il visite le Hampshire, déchiffre les inscriptions funéraires sur les pierres tombales des petits cimetières du Wiltshire, décrit la vie d'un berger et le comportement d'une guêpe à table, arpente les Downs, l'œil rivé à ses jumelles, de plus en plus attiré (novembre est sa saison) par les lieux solitaires où les oiseaux se rassemblent.

Là, au milieu des courlis, des vanneaux, des freux, ou seul avec les oies au cou de vipère, quand la mer, le soir, se retire, peut-être retrouve-t-il dans l'immensité des sables découverts quelque chose du miroitement de la pampa première.

Hudson n'écrit pas comme l'herbe pousse, mais comme crient les oies sauvages.

Patrick Reumaux

---

4. Cité par Ruth Tomalin dans son introduction à *South American Romances* de W. H. Hudson (Londres, Duckworth, 1966).

Conseils aux chasseurs de vipères

J'ai pensé qu'il ne serait pas inutile de donner à mes lecteurs quelques conseils ou quelques tuyaux sur la chasse aux vipères, sachant qu'ils sont nombreux à vouloir faire connaissance avec ce rare et insaisissable reptile. Ils désirent le connaître – à une distance respectable – à l'état de nature, dans son habitat, l'ont cherché, mais n'ont rien trouvé. Très fréquemment – une ou deux fois par semaine environ, en été – quelqu'un me demande d'être un guide en la matière.

L'un de mes bons amis, doté du caractère le plus bienveillant, qui prétend aimer tant les grandes que les petites choses, donne une pièce aux enfants de son village pour chaque couleuvre à collier et chaque vipère morte qu'ils lui apportent. Il ne fait pas la différence entre les deux ophidiens. Il ne faut pas espérer que quelqu'un qui n'aime pas les créatures de Dieu, y compris les « vers sauvages dans les bois », tirera profit de ces conseils. Que celui qui trouve une vipère la traite correctement, non sans révérence, et cette découverte lui procurera une connaissance rare qui ne peut être couchée sur papier, ni transmise d'aucune façon.

Car ce que nous cherchons, ce n'est pas la vipère, sujet de la monumentale monographie de Fontana[1], la petite corde d'argile ou de chair morte du British Museum, enroulée dans un bocal d'alcool sous l'étiquette « *Vipera berus*, Linné ».

Ce que nous cherchons, c'est la vipère objet de culte, qui a généré la pierre sacrée des Druides, et cette vipère n'habite pas dans un bocal d'alcool, à l'ombre d'un musée où la température est égale. C'est une amoureuse du soleil que l'on doit chercher, après son sommeil hivernal, dans les endroits secs, incultes, surtout dans les garrigues, les coteaux pierreux, les landes et les prairies couvertes d'ajoncs. Avec un peu d'entraînement, le chasseur de vipères reconnaît tout de suite un paysage vipérin. Il n'est d'ailleurs pas nécessaire d'errer au hasard à la recherche d'un terrain de chasse approprié car tous les endroits hantés par les vipères sont bien connus des gens du voisinage, toujours très disposés à vous renseigner. Il n'y a pas de défenseurs des vipères à la campagne, et, autant que je le sache, il n'y a eu qu'une seule personne en Angleterre pour protéger cette belle et inoffensive créature, la couleuvre à collier. Peut-on comprendre cette passion ? Certainement pas cet ami des bêtes qui donne une pièce pour chaque serpent mort. Le protecteur des serpents, notre petit Mélampous[2] inconnu, donnait une

---

1. Felice Fontana (1730-1805) est l'auteur d'un *Traité sur le venin de la vipère, sur les poisons américains, sur le laurier-cerise et sur quelques autres poisons végétaux* (deux tomes, Florence, 1781).
2. Mélampous : devin de la mythologie grecque ayant sauvé les petits de serpents tués par les esclaves de sa famille, etc. Voir Apollodore, *Bibliothèque*, I, 9, 11.

pièce aux garçons du village pour chaque serpent qu'ils lui apportaient intact et vivant, et, pour leur inspirer confiance, il se rendait à l'école du village avec une demi-douzaine de gros reptiles dans les poches de son manteau, sortait ses chérubins et jouait avec eux, en prenant soin que les enfants les touchent et remarquent la beauté de leurs formes et de leurs mouvements.

Cet amoureux des serpents possédait à Aldermaston l'un des plus grands parcs du sud de l'Angleterre, avec une profusion de très vieux chênes centenaires qui ont fait l'admiration de ceux qui ont eu l'occasion de les voir. Ce vaste parc était sa réserve de serpents et, dans les endroits humides et moussus, à proximité d'eaux courantes, il planta des buissons pour leur servir d'abri. À sa mort, le fils qui lui succéda, se disant qu'il s'amuserait davantage et tirerait plus de gloire en élevant des faisans, engagea une petite armée pour éradiquer les reptiles. Il n'y a plus maintenant, pour rappeler le « fantastique passe-temps » du défunt, qu'un vitrail – œuvre d'un artiste médiocre – placé par sa veuve dans la belle église de la paroisse, où on le voit, au milieu de silhouettes angéliques, entouré d'oiseaux, d'animaux et de reptiles de toutes les formes et de toutes les couleurs, avec l'inscription bien connue : Qui prie le mieux aime le mieux[3], etc.

---

3. Samuel Taylor Coleridge, *La Chanson du vieux marin*, VII (« He prayeth best, who loveth best »).

Mais retournons à la chasse. La difficulté, une fois sur le terrain hanté par les vipères, est de découvrir le reptile. Un homme peut passer des années, sa vie même, sans voir une seule vipère. J'ai eu l'occasion de parler avec un vieux berger, dont le troupeau paissait au creux d'une combe couverte d'ajoncs, au sud des Downs, où les vipères ne sont pas rares. Il me dit qu'il était berger depuis quarante ans dans cet endroit et qu'il n'avait jamais vu que trois vipères. S'il avait avancé le chiffre de 300, je n'aurais pas été surpris. L'homme ne voit pas souvent une vipère sur le sol, d'abord parce qu'il ne la cherche pas, ensuite et surtout à cause des lourdes bottes avec lesquelles il écrase la terre comme un cheval de trait de ses lourds sabots ferrés. Même un homme légèrement chaussé et avançant d'un pas léger fait un bruit d'enfer en marchant dans un endroit sec où le sol est couvert de bruyères et de brindilles qui se cassent comme du verre. Certains m'ont parfois imposé leur compagnie, quand j'étais en quête de vipères, et j'ai immédiatement compris, à leur façon de marcher, que la quête serait vaine. Ils faisaient un tel boucan, en s'imaginant marcher sur des œufs, qu'il y avait de quoi effrayer toutes les vipères à moins de cinq mètres devant nous.

C'est au printemps qu'elles sont les plus vives et les plus timides. Plus tard dans la saison, quelques-unes, en général les femelles, deviennent paresseuses et ne fuient pas immédiatement quand on les approche. Mais, en été, l'herbage est propre à les cacher, et elles restent plus dans l'ombre qu'en mars, en avril, ou au début de mai. Au printemps, il faut y

VIPÈRE PÉLIADE

aller seul et doucement, mais sans craindre de siffler et de chanter, ou même de crier, car la vipère est sourde et ne vous entend pas. Mais son corps est extraordinairement sensible aux vibrations du sol, et le pas ordinaire d'un homme, même très léger, la dérangera à une distance de quinze ou vingt mètres. Mieux que la vue, l'ouïe, l'odorat et le toucher pris ensemble, ces vibrations sont d'une grande importance pour la vipère, car, pour une créature qui se déplace en rampant sur le sol et qui a une longue épine dorsale fragile, le pied massif des mammifères représente un danger mortel.

Non seulement le chercheur doit marcher avec précaution, mais il doit avoir l'œil vif, en alerte et, derrière l'œil, l'esprit concentré sur l'objet. La vue la plus perçante est inutile si on se met à penser à autre chose, car on ne peut se trouver à deux endroits à la fois. Vider l'esprit comme dans une boule de cristal est une bonne idée, mais, s'il ne peut être vidé, si la pensée refuse de rester calme, elle doit être occupée par les vipères et rien d'autre. C'est un exercice intéressant, même si on ne trouve pas de vipères, car il révèle, en rapides et vacillants éclairs, une expérience ou un état de l'esprit primitif – celui qui, comme chez les animaux inférieurs, est un miroir poli, non brouillé par la spéculation, dans lequel le monde extérieur est vivement reflété. Si la quête de vipères dure des jours, mieux vaut tenir la note : penser aux vipères toute la journée et, la nuit, en rêver. Je me suis aperçu que les rêves étaient de deux sortes : agréables ou désagréables. Dans le premier cas, nous sommes les heureux découvreurs des serpents les plus beaux et les plus singuliers jamais observés.

Dans le second, nous nous retrouvons malgré nous pieds nus dans un endroit d'où il est impossible de s'échapper, une vaste région plate s'étendant jusqu'à l'horizon, jonchée de vipères. Le pied levé, nous ne savons pas où le poser, car il n'y a pas le moindre espace qui ne soit occupé par une vipère prête à frapper.

Dans la chasse aux vipères, l'essentiel est de trouver la vipère sans la déranger, de façon à pouvoir l'approcher et l'observer pendant qu'elle se dore au soleil. Le meilleur moyen est de s'arrêter dès qu'on a vu le serpent, puis d'avancer lentement, à pas feutrés, comme si on était immobile car, même si la vipère n'est pas effrayée, elle est, je crois, toujours consciente de votre présence. De cette façon, vous pouvez vous approcher jusqu'à deux ou trois mètres de distance, ou plus près, et observer longtemps ce bijou.

Mais que doit faire le chasseur si, après une longue quête, il découvre sa proie en train de battre en retraite et comprend que, dans deux ou trois secondes, elle aura disparu ? En règle générale, quelqu'un qui voit fuir une vipère lui donne un coup de canne *afin de ne pas la perdre*. Mais tuer une vipère, *c'est* la perdre. Il est vrai que vous aurez quelque chose à montrer, ou bien il vous restera entre les mains quelque chose que vous pourrez mettre dans un bocal, si l'envie vous en prend, avec l'étiquette « *Vipera berus* ». Mais ce ne serait pas une vipère. Ne doit-on donc jamais en tuer une ? C'est une question à laquelle je ne vais pas entreprendre de répondre, mais je dirai que, si on recherche le savoir, ou quelque chose que nous appelons savoir, car c'est un mot pratique pour recouvrir maintes choses qu'il serait difficile de nommer, tuer n'est d'aucun profit, mais, au contraire, une pure perte. Fontana a disséqué quarante mille vipères au cours de sa longue et fructueuse carrière, mais si on veut savoir sur les vipères quelque chose d'autre que le nombre d'écailles qu'elles ont sur le tégument, ou le nombre, la forme et la taille des os de leurs dépouilles, lui – et les innombrables herpétologistes qui lui ont succédé – sont incapables de le dire. Il y a des milliers de traités sur les écailles et les os. Mais on veut en savoir plus sur la chose vivante, y compris sur son mode de vie. On ne sait pas encore si la femelle avale ses petits, non, comme la vipère fer de lance, pour les digérer, mais pour leur sauver la vie quand elle est menacée. Il est vrai qu'au cours du dernier demi-siècle, de nombreux témoins ont observé la chose et décrit ce qu'ils ont vu dans plusieurs journaux et revues. Il n'en reste pas moins que les compilateurs d'histoire naturelle tiennent le cas comme non absolument prouvé.

On a ici l'une des nombreuses questions auxquelles seul peut répondre un naturaliste de terrain s'abstenant de tuer. Mais on peut trouver, pour ne pas tuer, une meilleure raison que ce désir de découvrir un fait nouveau : la simple satisfaction d'une curiosité intellectuelle. Je connais de bons naturalistes qui en sont venus à détester la vue d'un fusil, simplement parce qu'ils ont associé l'image de cet instrument utile à une pensée et à un souvenir dégradants pour l'esprit : le massacre des créatures que l'on aime et dont on veut découvrir les secrets.

Hélas ! j'ai mis longtemps à découvrir les avantages de ne pas tuer. Le récit du meurtre d'une vipère – la dernière fois que j'ai commis pareil acte – peut servir à jeter quelque lumière sur la question. Les vipères abondaient à l'endroit où je me trouvais – une ferme de la New Forest – mais je n'en avais encore jamais vues, jusqu'au jour où, par un accablant après-midi de juillet, empruntant un sentier qui, partant de la cour de la ferme, traversait un bosquet de noisetiers, je suis tombé sur un serpent se chauffant au milieu du sentier. C'était une grosse vipère, si paresseuse qu'elle ne fit aucune tentative pour s'échapper, mais se retourna, prête à frapper, quand je m'approchais. Je pensais aux petits enfants qui venaient là, chaque après-midi, pour jouer et dénicher des œufs de poule. La vipère, si elle restait là, pouvait être un danger pour eux. Il fallait soit la tuer, soit la déloger. Il me vint à l'esprit que la déloger serait inutile, puisque c'était là sa place, et qu'elle y reviendrait infailliblement. L'instinct du gîte est fort chez la vipère, comme chez la plupart des serpents. Pour mettre un point final à la question, je l'ai tuée et enterrée, puis j'ai poursuivi mon chemin. Il fallait traverser le bosquet, passer une clôture et un fossé, de l'autre côté, et je n'avais pas plus tôt franchi ce fossé que j'aperçus une seconde vipère, plus grosse que l'autre, et tout aussi paresseuse. C'était, cependant, loin d'être étrange car, en juillet, la vipère femelle est souvent dans cet état, surtout par temps chaud et orageux. Après l'avoir tancée pour la faire déguerpir, je l'ai ramassée pour l'examiner, après quoi je l'ai relâchée en l'observant se glisser lentement dans l'ombre des

buissons. Et, l'observant, j'ai pris conscience d'un change-
ment dans mon attitude mentale envers les choses vivantes,
si importantes pour moi, ma grande joie ayant toujours été
d'observer leur comportement. J'étais toujours aussi curieux,
mais le sentiment qui avait très longtemps accompagné cette
curiosité, quand j'étais chasseur et collectionneur, prompt
à tuer tout ce qui bougeait, avait changé. Le serpent qui
s'éloignait en glissant devant moi n'était qu'un ver pourvu de
crochets venimeux dans la tête, ayant la dangereuse habitude
de frapper les jambes étourdies – une créature destinée à
être écrasée du talon sans lui accorder la moindre pensée.
J'avais perdu quelque chose de précieux, non, dirai-je, sur
le plan éthique, car nous vivons dans un monde où il faut
tuer pour vivre, mais, en ce qui me concerne, en tant que
naturaliste de terrain. M'abstenir de tuer avait fait de moi
un meilleur observateur et un être plus heureux, à cause
du sentiment nouveau et différent que j'éprouvais envers
la vie animale. Qu'était ce nouveau sentiment – et en quoi
différait-il de celui que j'éprouvais quand j'étais chasseur et
collectionneur, étant entendu que, depuis l'enfance, j'avais
toujours eu le même intérêt passionné pour la vie sauvage ?
La puissance, la beauté et la grâce de la créature sauvage, son
accord parfait avec la nature, la correspondance exquise entre
l'organisme, la forme, les facultés, l'environnement, avec la
plasticité et l'intelligence adaptative de la machine vivante,
chaque jour, à chaque heure, à chaque instant, pour faire
face à tous les changements et à toutes les contingences, et
ainsi, au milieu des mutations perpétuelles et des conflits avec

les forces hostiles et destructrices, de perpétuer une forme, un type, une espèce pendant des milliers et des millions d'années ! Tout cela était toujours présent à mon esprit, mais ce n'était qu'un élément mineur du sentiment que j'éprouvais. Le principal était la merveille et l'éternel mystère de la vie elle-même. Cette énergie formatrice, instructive, cette flamme qui brûle et brille à travers chaque être, qui perdure, meurt en en allumant une autre, et, bien que mourante, se perpétue à jamais. L'idée, également, que cette flamme de vie était une et que, dans toutes ses formes organiques, elle m'était apparentée, quelque différente qu'elle fût de la forme humaine. Non, le fait même que les formes étaient inhumaines ne servait qu'à rehausser l'intérêt : le chevreuil, le léopard et le cheval sauvage, l'hirondelle fendant l'air, le papillon jouant avec une fleur, la libellule rêvant sur la rivière, la baleine monstre, le poisson d'argent et l'argonaute aux voiles rose et pourpre se gonflant au vent.

Heureusement pour moi, la perte de cette sensation ne fut que temporaire et je repris mes esprits les jours suivants, que je passai dans les bois et sur la lande marécageuse adjacente, trouvant serpents et vipères en grand nombre, ainsi que des oisillons et d'autres créatures variées que je prenais dans les mains et avec lesquelles je jouais – ce qui me permit de rire de nouveau de ceux qui se riaient de moi, ou qui se disputaient avec moi, à cause de mes idées bizarres sur les animaux. Ma seconde aventure avec une vipère, un an plus tard, me fit tellement rire que je suis tenté de poursuivre cette digression en la narrant.

Johannes van Lier, *Traité des serpens et des viperes qu'on trouve dans le pays de Drenthe : au quel on a ajouté quelques remarques et quelques particularités relatives à ces espèces de serpens et à d'autres*

L'aventure consista en ceci que je découvris la plus grosse vipère que j'eusse jamais vue. C'était sur un sol couvert d'ajoncs et d'épines, non loin de la route à péage qui va de Salisbury à Blandford. Ayant découvert que cet endroit, couvrant une aire de plusieurs centaines d'hectares, fourmillait de vie sauvage, j'en fis mon repaire pendant plusieurs semaines. Je découvris bientôt que c'était une grosse réserve de chasse et que le garde avait reçu, du Nemrod qui la louait, l'ordre de ne permettre à personne d'y pénétrer. Je réussis cependant à l'amadouer et il me laissa butiner à ma façon.

Jamais je n'avais vu un endroit où les vipères étaient aussi abondantes, pourtant le garde-chasse m'assura qu'il avait essayé de les exterminer pendant des années, allant jusqu'à en tuer une demi-douzaine par jour.

Un matin, vers la fin du mois de juin, j'ai trouvé ma grosse vipère. L'ayant ramassée, je l'ai tenue suspendue par le bout de la queue pendant presque une demi-heure. Épuisée à force de se tordre en vain, elle s'est mise à pendre sans plus bouger. Sortant alors mon mètre, j'ai entrepris la tâche difficile de mesurer sa longueur exacte. Mais la vipère ne voulut pas en entendre parler : chaque fois que je déroulais le mètre, elle se contorsionnait de façon à rendre la mesure impossible. Fatigué par cette comédie, j'ai fini par l'assommer d'un coup de canne sur la tête, puis, pressant le mètre du pouce sur la tête plate, j'ai redressé le corps et réussi à obtenir la longueur exacte : soixante-dix centimètres. La plus grosse vipère que j'avais jusqu'alors trouvée mesurait soixante-quatre centimètres. C'était dans la partie la plus sauvage et la plus reculée de la New Forest, où les vipères abondent. Aucune des autres grosses vipères que j'avais eu l'occasion de mesurer ne dépassait soixante centimètres.

On voit que la vipère, au niveau de la taille, n'est pas un gros serpent. Elle paraît plus grosse qu'elle n'est, en partie à cause de son étrange et remarquable couleur, avec une rayure en zigzag sur le dos, et de la réputation qu'elle a d'être un serpent dangereux. Une vipère de soixante centimètres de long semble plus grosse qu'une couleuvre à collier de quatre-vingt-dix centimètres – taille que ce reptile atteint généralement.

Au bout d'une minute ou deux, ma vipère se remit du coup que je lui avais donné sur la tête et disparut en se glissant dans les touffes d'ajoncs. Je m'éloignai, mais je n'avais pas parcouru quarante mètres, que je tombai sur une autre vipère, lovée dans ses anneaux. Je m'arrêtai pour la regarder, puis m'avançai lentement jusqu'à un mètre d'elle, et demeurai là immobile, simplement pour voir si ma présence si proche la dérangeait ou non. Puis, entendant un cri, je levai les yeux et aperçus deux cavaliers qui venaient vers moi en franchissant la dune. Ils foncèrent pour m'examiner – un homme grand sur un grand cheval, et un homme plutôt petit sur un petit cheval. L'homme grand était le Nemrod, et le cri avait évidemment été poussé à mon intention, mais je n'en tins pas compte. Je gardai les yeux fixés sur la vipère et, bientôt, les deux cavaliers arrivèrent au galop, le tonnerre des sabots faisant fuir le serpent avant qu'ils fussent à cinquante mètres de moi. Assis sur leur selle avec raideur, ils me dévisagèrent dans un silence plein de hargne et, conscient de devoir parler le premier, je m'excusai d'avoir pénétré dans la réserve et dis que le garde, sachant que j'étais un inoffensif naturaliste, m'avait donné l'autorisation d'y rechercher une fleur qui m'intéressait – ainsi qu'une vipère. Qu'est-ce que je voulais avec les vipères ? demanda le Nemrod. Simplement les observer, répondis-je. J'en avais trouvé une que j'étais en train d'observer, mais son approche l'avait fait fuir. J'ajoutai alors que les vipères étaient extrêmement abondantes sur ses terres et que je venais d'en trouver une qui mesurait soixante-dix centimètres de long – la plus grosse vipère que j'eusse jamais trouvée.

« Où est-elle ? Montrez-la nous ! » s'écrièrent les deux hommes, et je dus leur expliquer que je l'avais relâchée et qu'elle avait disparu dans un buisson à une douzaine de mètres de l'endroit où nous nous trouvions.

Ils me regardèrent fixement, puis échangèrent des clins d'œil, et l'homme de grande taille me demanda ensuite si ce que j'avais dit était bien ce que j'avais voulu dire : que je n'avais trouvé une grosse vipère que pour la relâcher sans lui faire de mal.

C'était bien, dis-je, ce que j'avais fait.

« Alors vous avez mal fait », hurla presque l'autre homme. « Attraper et relâcher une vipère qui pourrait mordre et tuer quelqu'un un de ces jours – je considère que c'est un crime. »

Je répondis en riant que je voulais bien être un criminel de ce genre et qu'il me semblait que les gens exagéraient beaucoup le danger des morsures de vipères.

« Vous avez de nouveau tort ! » hurla-t-il, maintenant hors de lui. « En tant que naturaliste, vous devriez en savoir plus. Laissez-moi vous dire que, l'été dernier, j'ai failli perdre mon petit garçon, qui a été mordu par une vipère. Il était sur l'île de Wight avec sa nurse, il a marché sur la chose et a été mordu à la jambe. Pendant un jour entier, sa vie n'a tenu qu'à un fil, et vous osez me dire que les vipères ne sont pas un danger ! »

Je m'excusai d'avoir pris le sujet à la légère. Il avait raison et j'avais tort. Mais je ne pouvais pas lui expliquer pourquoi je ne pouvais pas tuer les vipères – ou quoi que ce soit d'autre.

Revenons maintenant au chasseur qui a, sans le vouloir, dérangé la vipère qu'il a trouvée, et qu'il voit sur le point de disparaître dans les fougères. Que doit-il faire en ce cas ? La laisser disparaître et se consoler avec la pensée qu'il a découvert son repaire et qu'il la retrouvera peut-être un autre jour, surtout s'il a la chance de l'avoir fait déguerpir de l'endroit favori où elle a l'habitude de se dorer au soleil, tous les jours à certaines heures, jusqu'à ce que, la saison avançant, l'endroit devienne trop chaud ou impropre, et qu'il lui faille trouver un autre solarium. Mais s'il n'est pas satisfait de perdre de vue la vipère qu'il vient de découvrir, il va falloir lui donner un moyen de la capturer.

Ce moyen – qui ne peut être recommandé à des personnes craintives, susceptibles, dans des moments d'excitation, de perdre la tête ou de faire preuve de maladresse – est d'attraper par la queue, d'un geste vif, la vipère qui bat en retraite. Si on ne fait pas de gaffe, cette manière de procéder est sans danger puisque le serpent qui s'éloigne n'est pas en position de frapper.

J'avoue avoir toujours été un peu réticent à tenir une vipère, enragée et impuissante, par la queue, ce qui est pour elle une position indigne, bien qu'un tel traitement puisse finalement se révéler à son avantage. Il y a un naturaliste, en Angleterre, qui ramasse toutes les vipères qu'il trouve et leur pince la queue avant de les relâcher, juste pour leur enseigner la prudence. La pauvre créature rampante, avec une raie en zigzag sur le dos pour signaler qu'elle est un danger, a, entre toutes les créatures, le moins d'amis parmi les hommes. Mon seul but, en prenant une vipère par la queue, est de regarder sa face ventrale, qui est souvent la plus belle partie de son corps. En règle générale, la couleur est d'un bleu profond, mais elle varie. Les spécimens les plus sombres étant bleu noir, ou même totalement noirs, alors que le bleu clair, excessivement rare, est d'une beauté qui défie les mots. On trouve parfois une vipère ayant les plaques ventrales de la même couleur de fond, un jaune paille terne et pâle, que la partie supérieure du corps, parcourues de points, de taches et de lignes bleu sombre. Ces marques, dans certains cas, ressemblent à des caractères écrits, et on racontait jadis qu'elles composaient les mots suivants :

Si je pouvais entendre aussi bien que voir,
Aucun homme en vie ne serait mon maître.

Ces marques ressemblant à des lettres sur le ventre de la créature, comme les très fines lignes noires semblables à une écriture sur la pâle écorce du houx, avaient sans doute un autre sens, plus important, pour les prêtres d'un ancien culte, et conféraient à la vipère un caractère particulièrement sacré.

Je vais, pour conclure, raconter combien je me suis félicité d'avoir capturé une vipère à l'instant où elle tentait de s'échapper. Je marchais à pas feutrés, l'œil aux aguets, dans l'espoir d'apercevoir quelque chose d'intéressant, au milieu des taillis, dans la New Forest, à un endroit d'une propriété privée où les vipères et le gibier abondaient. Les engoulevents n'y étaient pas rares et j'en vis un s'envoler presque à mes pieds, au-dessus des racines d'un chêne. Baissant les yeux vers l'endroit d'où il s'était levé, j'aperçus une vipère de belle taille qui, effrayée par mon pas ou par le soudain envol de l'oiseau, s'enfuyait, glissant rapidement sur le lit de vieilles feuilles sèches et décolorées, vers son refuge dans les racines de l'arbre. Bizarrement, ce n'était pas la première fois que je voyais un engoulevent et une vipère somnolant pacifiquement côte à côte. C'était une belle vipère, en riche livrée jaune fauve, avec une large marque en zigzag d'un noir intense, et, comme il n'y avait pas de temps à perdre, rapide comme l'éclair, je m'en emparai. La tenant par la queue, quelles ne furent pas ma surprise et ma joie de découvrir qu'elle avait le ventre d'une teinte que je n'avais encore jamais vue – le bleu miraculeux dont j'ai parlé. Il n'y avait aucune rupture dans la teinte. Chaque plaque, du cou au bout de la queue, était d'un bleu turquoise exquis, ou, si l'on considère que le bleu turquoise varie en intensité et en pureté, il serait plus exact de décrire cette couleur comme très semblable à celle du myosotis ; mais, comme elle était émaillée, elle me rappelait plutôt le bleu le plus rare d'une très ancienne porcelaine chinoise. Il me semble que si un artiste fameux de la grande période, un adorateur de la couleur ayant passé sa vie à tenter de capturer et de reproduire les nuances les plus délicates des teintes de la nature, avait vu le bleu de cette vipère, il eût en même temps été submergé de ravissement et de désespoir. Et il me semble également que si notre Mère Nature, en modelant cet ophidien, avait brouillé les cartes (comme elle le fait parfois) et inversé la position des couleurs, mettant la livrée jaune fauve et le zigzag noir sur le ventre, et la livrée bleue sur le dos, la vue de cette créature aurait donné naissance à un nouveau mythe de la New Forest. La nouvelle se serait répandue qu'un être angélique était apparu dans ces parages, sous la forme d'un serpent, mais dans sa livrée naturelle : d'un bleu céleste.

Après l'avoir longtemps gardée suspendue à mon poing, j'ai relâché la vipère à contre-cœur et je l'ai vue se glisser dans la cavité entre les racines de l'arbre. C'était là son repaire et j'espérais ardemment la revoir. Mais elle n'a jamais été au rendez-vous les jours suivants – ni serpent, ni engoulevent. Nous ne nous rencontrerons plus, tous les trois, mais je me souviens de cette vipère comme l'une des plus belles choses que j'aie vues, durant toutes les années que j'ai passé à tutoyer les bêtes sauvages.

Un bois de pins près de la mer

L'un de mes repaires favoris à Wells, dans le Norfolk, est le bois de pins qui, sur deux ou trois kilomètres, fixe les dunes, entre la digue et Holkam – noir ruban qui a, d'un côté, les dunes gris jaune et la mer, de l'autre les grandes étendues plates et vertes des marais. Ce lieu est le dortoir de toutes les corneilles qui hivernent sur cette partie de la côte, et je m'arrange pour m'y rendre le soir. Freux et choucas complètent ce grand rassemblement de corvidés.

Je flâne sur la digue vers trois heures de l'après-midi pour observer et écouter les oies sauvages qui reviennent vers la mer après s'être nourries dans les champs, volant toujours trop haut pour que les chasseurs qui guettent leur passage puissent les atteindre. Certains sont si pauvres qu'ils tirent sur tout ce qui passe, même une corneille mantelée. Ils ne tirent pas pour le plaisir, car ils ne peuvent se permettre de gâcher une cartouche, et l'un d'eux m'a assuré qu'une corneille, cuite en ragoût avec n'importe quel autre oiseau se trouvant dans le garde-manger – vanneau, chevalier gambette, courlis ou mouette – passe très bien quand l'estomac crie famine.

Plus tard, je me rends sur le bord de mer, où je croise les derniers pêcheurs et les gens qui travaillent sur la plage et rentrent avant la nuit, hommes et garçons chaussés de grandes bottes, vêtus de lourdes hardes humides, chargés de pelles, de fourches et de paniers remplis d'amorces et de coquillages. À pas lourds et lents, ils me croisent péniblement, et il n'y a plus alors dans le monde que l'obscurité et moi.

Un soir, alors que j'étais sur la crête des dunes, regardant vers la mer qui s'était retirée, laissant à découvert les sables jusqu'à la ligne sombre de l'horizon, une vieille femme apparut, qui avait évidemment fait tout ce long chemin pour venir promener son chien sur la plage. Passant la crête, elle descendit sur la plage où le chien, un grand terrier à poils raides, fut si enchanté par la douceur du sable sous ses pattes qu'il se mit à décrire de grands cercles autour de sa maîtresse, courant à toute vitesse en poussant de furieux aboiements de joie. Le son produisit un effet extraordinaire : il fut répété et redoublé une centaine de fois à travers toute l'étendue des sables. C'était la première fois que j'entendais un tel écho du haut des dunes – peut-être ne l'aurais-je pas perçu sur la plage – et je n'arrivais pas à comprendre le phénomène car cet écho n'était pas comme les autres – l'exacte répétition de sons renvoyés par des murs, des bois ou des falaises – mais un écho plus faible et plus diffus, les sons se rejoignant et paraissant courir sur le sable, ici puis là, pour enfin se fondre en mystérieux chuchotements. C'était comme si les vigoureux aboiements du chien vivant avaient réveillé les fantômes de centaines de chiens morts, qui étaient sortis de terre et, gagnés par cet exemple contagieux et le « souvenir d'une joie ancienne », faisaient entendre la furieuse meute de leurs abois fantômes en folâtrant, invisibles, sur la plage.

Dans le bois de pins, le spectacle le plus étonnant était celui des corneilles qui, entre quatre et six heures, arrivaient par petits groupes de deux ou trois, ou par bandes de trente ou quarante, jusqu'à ce qu'il fît tout à fait sombre. Depuis que je connaissais le bois, les oiseaux avaient deux ou trois fois changé de perchoir et, la dernière fois qu'ils émigrèrent, j'eus la chance d'assister à leur départ et d'en découvrir la cause. Cela faisait deux soirs qu'ils manifestaient bruyamment leur inquiétude. Cela commençait au crépuscule : tous étaient tranquillement perchés quand, soudain, s'élevaient à un endroit des croassements de colère, rappelant à s'y méprendre la soudaine tempête de protestations indignées qui s'élèvent d'un banc, aux Communes, lorsque la susceptibilité du parti ou du groupe de personnes qui y siègent a été gratuitement froissée par l'honorable orateur qui s'adresse à la Chambre. Le concert ne s'arrêtait que pour reprendre bientôt, cinquante mètres plus loin ; en certains endroits, les oiseaux s'envolaient et se mettaient à tourner au-dessus des arbres, croassant à plein bec une minute ou deux avant de se poser à nouveau.

J'en conclus que rôdait dans les parages une créature dangereuse, probablement un renard, et que l'alerte était donnée chaque fois qu'il était repéré ; mais j'eus beau attendre plus d'une heure, je ne vis rien.

Le troisième soir, l'inquiétude fut plus générale et de plus longue durée que d'ordinaire, et les oiseaux furent incapables de la supporter. Des tempêtes de croassements s'élevèrent d'abord un peu partout, puis la troupe entière s'envola et se mit à tournoyer pendant quinze ou vingt minutes, avant de se poser une nouvelle fois dans les hautes branches des pins. De la crête, à hauteur des cimes, c'était un étrange spectacle de voir ces oiseaux perchés par centaines, raides et immobiles, couronnant de noir le haut des arbres sombres contre le pâle ciel du soir. Bientôt, alors que j'étais dans une allée verte en plein milieu de la corbeautière, une nouvelle tempête de cris d'alarme déclenchée à quelque distance se propagea vers moi, et les corneilles s'envolèrent. Soudain, l'intrus apparut, glissant sans bruit près du sol en faisant de rapides crochets entre les troncs : une effraie étrangement blanche au milieu des arbres noirs ! Quelques instants plus tard, dans un impressionnant vacarme, la multitude se leva. Les corneilles étaient incapables de supporter plus longtemps l'apparition de cette étrange créature blanche, fuselée comme un oiseau et glissant sous les arbres qu'elles avaient choisis comme perchoir. Pendant une ou deux minutes, elles planèrent au-dessus du bois, montant de plus en plus haut dans le ciel qui s'assombrissait, puis elles se mirent à dériver au-dessus des cimes, pour enfin, sept ou huit cents mètres plus loin, se percher sur d'autres arbres, où elles revinrent les soirs suivants.

CORNEILLES

C'était un curieux spectacle à observer, car on ne pense pas à cet oiseau – « servante d'Hilarion, la sage Corneille »[1] – comme à un oiseau nerveux, s'inquiétant pour rien. Quelques soirs plus tard, j'eus la chance d'être témoin d'une scène encore plus intéressante. L'acteur principal en fut un faisan, que le naturaliste de terrain regarde souvent d'un mauvais œil, car c'est une espèce d'élevage et l'on se dit que les techniques d'élevage, affectent la vie sauvage des oiseaux. Cependant, si l'on se débarrasse de ces préjugés, il faut bien reconnaître que cet étranger dans les bois a non seulement une somptueuse apparence, mais beaucoup plus que de belles plumes : l'esprit et l'intelligence qui caractérisent les oiseaux.

Un soir de novembre, en sortant du bois, je me postai à l'abri d'un fossé frangé de carex et de phragmites jaunes, avec, devant moi, toute la verte étendue du marais. Le bois regorgeait de faisans qui, durant la journée, allaient chercher leur nourriture dans les marais ou dans les champs. Je les voyais arriver, courant ou volant, faisant du tapage dans le bois quand ils se posaient sur leur perchoir en caquetant ou coqueriquant. Ils se calmèrent bientôt et je pensai qu'ils étaient tous couchés ; mais, balayant l'étendue verte à la jumelle, je découvris, à environ deux cents mètres de l'endroit où je me trouvais, au bord d'un fossé et d'une clôture en fil métallique près desquels poussaient quelques ronces, un coq faisan qui semblait avoir du plomb

---

1.   « Hilarion's servant, the sage crow » : vers extrait de « The Bee », poème de Henry Vaughan publié à Londres en 1650 dans *Silex Scintillans*.

dans l'aile. Il avait l'air mal en point, ayant peut-être écopé d'un plomb perdu, ou souffrant d'une maladie naturelle. Je l'observai pendant vingt ou vingt-cinq minutes, mais il ne fit pas le moindre mouvement. Puis un merle sortit comme une fusée du bois et, passant au-dessus de ma tête, vola droit devant lui vers le marais. Le suivant à la jumelle, je le vis se percher sur le buisson près duquel se tenait le faisan. Celui-ci leva instantanément la tête, le merle vint se poser près de lui, et les deux oiseaux se mirent en quête de nourriture, le faisan marchant d'un pas tranquille dans l'herbe, picorant à mesure, le merle sautillant rapidement, ici et là, avec de petites courses en avant ponctuées de retours vers son compagnon. Bientôt, le croassement soudain d'une corneille noire volant vers le bois effraya le merle, qui fila dans le buisson où il resta perché environ une minute. L'autre ne fut pas effrayé, mais cessa aussitôt de picorer et demeura immobile, attendant patiemment le retour de son compagnon pour reprendre sa quête. Découvrant un mets à son goût, le faisan resta quelques minutes au même endroit, picorant rapidement, tandis que l'autre courait dans tous les sens à la recherche de vers. Il finit par en trouver un, le fit sortir de terre et s'affaira un moment dessus, puis revint vers le faisan.

Le temps que dura ce manège, je ne pus, sur toute l'étendue du marécage, détecter la présence d'aucun autre oiseau du bois, pas même d'une grive, qui est le mange tard par excellence. Tous étaient couchés et il était impossible de ne pas croire que ces deux-là étaient amis, qu'ils avaient l'habitude

MERLES

de se rencontrer à cet endroit pour chercher leur nourriture ensemble, et que, lorsque j'avais découvert le faisan dans cette attitude apathique après le départ de ses congénères, il attendait son petit compagnon noir et n'aurait pour rien au monde dîné sans lui.

Il faisait sombre lorsque le merle se décida enfin à regagner le bois. Aussitôt, le faisan, tête levée, se mit à marcher dans la même direction, puis à courir et, décollant bientôt, vola droit vers les pins.

Mon expérience est que l'amitié entre deux oiseaux, si l'on peut employer ce terme pour désigner ce genre de compagnonnage, est beaucoup plus commune qu'on ne le croit, bien que les garde-chasses ne veuillent pas en entendre parler. Il n'y a rien d'étonnant à cela : ils ont l'esprit jumelé au canon de leur fusil. L'un d'eux, pourtant, à qui je racontais cette histoire qu'il avait envie d'accueillir d'un haussement d'épaules, me dit avoir observé, pendant deux ou trois mois, l'année précédente, le comportement d'un gravelot et d'un chevalier. Il était impossible de ne pas voir, dit-il, combien ils étaient intimes, car ils ne se quittaient pas, même lorsqu'ils cherchaient leur nourriture avec d'autres oiseaux du littoral. C'est une chose que l'on remarque parfois, quand il y a une association entre deux oiseaux d'espèces différentes, mais il est probable qu'elle est beaucoup plus commune chez ceux de la même espèce et que, chez les espèces grégaires ou à l'instinct social développé, les oiseaux qui ne sont pas accouplés ont un copain dans la bande.

L'amitié que j'ai observée entre les deux oiseaux, à Wells, me rappelle l'histoire d'un faisan vivant dans l'intimité d'une famille. C'est le seul cas que je connaisse d'un faisan vraiment humanisé, et il me fut rapporté par mon vieil ami, le regretté docteur Cunnighame Geikie, de Bournemouth, auteur de livres religieux. L'oiseau, un coq superbe, appartenait à une dame qui le garda des années – dix-neuf ans, me dit-il, mais il s'est peut-être trompé sur la durée. La chose remarquable était l'affection qu'il portait aux siens et le courage qu'il déployait pour les défendre. Son zèle protecteur, cependant, avait parfois des inconvénients. Il était particulièrement attaché à sa maîtresse et il aimait la suivre dans ses promenades pour veiller sur elle. Mais il se méfiait des étrangers et, lorsqu'elle était à la maison, il montait une garde vigilante : dès qu'un visiteur inconnu approchait, il sortait fièrement à sa rencontre et l'incitait à déguerpir en prenant une attitude menaçante, suivie, si l'intrus ne comprenait pas, d'une attaque éclair aux jambes, à coups d'ergots.

Automne 1912

Wells-sur-Mer, je l'ai déjà dit, est l'un des endroits que j'aime le mieux fréquenter en automne, surtout pour voir et entendre les oies sauvages qui hivernent là en plus grand nombre qu'à aucun autre endroit de la côte. À l'automne 1912, j'avais une autre raison de venir en ce lieu : il me restait deux ou trois semaines de travail pour finir un livre et, où trouver, loin de Londres, une retraite plus propice pour mener à bien ce projet ? Une petite ville ancienne, semblable à un village, construite sur une basse terre près de la mer, séparée de l'eau par un marais large d'un bon kilomètre, gris en été, mais à présent brun roux dans ses couleurs automnales. Les pêcheurs sont pauvres ; ils prennent surtout des crustacés, des moules, des buccins, des praires, et creusent également à marée basse pour pêcher des vers de vase qu'ils vendent comme amorces. Ils sont semblables à leurs compères à plumes, les corneilles mantelées. Et ils ressemblent vraiment à des corneilles quand on les voit, petits et noirs, éparpillés au loin sur l'immense grève de sable. Quand les hommes sont en mer, et ces bruyants petits animaux, les enfants, enfermés entre les quatre murs de l'école, on imagine facilement qu'il n'y a plus de vie à Wells. On ne serait pas plus tranquille dans le grand marais brun lui-même, ni dans les collines basses et herbues aperçues au loin, ni dans l'étendue de sable au-delà, où les hommes, semblables à des freux, cherchent leur subsistance.

Je suis donc arrivé à Wells le 17 octobre mais, pas plus tôt installé dans cet endroit de rêve, j'ai commencé à me dire que c'était le dernier endroit où je pourrais travailler, puisque le tumulte et les distractions de Londres n'étaient rien en comparaison du murmure sourd, étrange et familier, de la vieille vieille mer, entendu jour et nuit, et les cris des oiseaux de passage, surtout les cris des oies.

On raconte qu'un homme qui, de son vivant, avait grande réputation, fut un jour pris à partie par un ami pour s'être installé à Wells. Comment, lui dit son ami, avec ton amour de l'humanité, tes nobles idéaux, tes nombreux talents, et surtout ton éloquence pour t'adresser à tes concitoyens – comment peux-tu supporter de gaspiller tes années dans cette petite ville de morts-vivants près d'un marais ?

L'autre lui répondit que c'était parce que Wells était la seule ville d'Angleterre où, confortablement installé dans son bureau, il pouvait écouter les cris des oies sauvages.

Pour moi, qui ne suis qu'un naturaliste, ces cris étaient plus encore que pour cet homme célèbre : être tranquillement assis et travailler pendant que je les entendais, tel était le problème. J'étais tiraillé entre deux choses, et je me sentais dans l'état de quelqu'un ayant « deux esprits ». Je souhaitais que ces deux esprits pussent avoir deux corps, chacun pourvu d'un jeu complet de sens, de façon à suivre sa propre voie. J'enviais le caméléon – cette créature étrange qui, dit-on, change de couleur selon son environnement. Ce n'est cependant qu'une condition physique, qu'il partage avec certaines autres créatures dépourvues d'esprit, ou chez lesquelles l'esprit est en sommeil, par exemple, dans une chrysalide. Cela n'est qu'un petit mystère. Le grand mystère du caméléon, le joli petit problème à résoudre pour ceux qui étudient la psychologie animale, est la divisibilité de son esprit, la faculté d'être deux personnes dans un seul corps, chacun pensant et agissant indépendamment de l'autre. Observez-le à l'état domestique, assis sur une branche dans une pièce, l'air d'être un lézard déformé, ou squelette d'un lézard, habillé d'une peau granuleuse et décolorée, depuis longtemps séchée comme un parchemin. Le trait le plus remarquable est la tête qui rappelle une grotesque sculpture médiévale au fronton ou à l'intérieur d'une vieille église, représentant une créature humaine semblable à un crapaud ou à un poisson, dont l'expression fait penser à une ancienne sagesse depuis longtemps oubliée. Il est absolument immobile, on dirait mort ou endormi. Mais, en l'examinant de plus près, on découvre qu'il est non seulement éveillé et vivant, mais qu'il a deux vies en lui – en d'autres termes, que les deux hémisphères de son cerveau travaillent séparément, chacun occupé par son problème. Cela se voit dans ses yeux – de petites lentilles rondes montées sur pivots, ou de petits globes caoutchouteux et charnus, capables de s'élever ou de se baisser à volonté dans telle ou telle direction. Ils sont comparables aux oreilles d'un cheval, qui se meuvent librement, mais ils ne se dirigent pas dans une seule direction, puisque chacun, en même temps que le demi-cerveau qui le gouverne, est occupé à regarder une chose différente. On voit, par exemple, que l'un des membres de la paire, fixé comme une longue-vue sur quelque objet lointain, est perpétuellement en mouvement, et l'on découvre qu'il suit les mouvements erratiques du vol d'une mouche à viande, qui bourdonne dans la pièce. Ce n'est, de la part du caméléon, ni un divertissement, ni une curiosité mentale. Il sait que la mouche est une voyageuse et une enquêtrice infatigable ; lorsqu'elle aura fini d'explorer le plafond, de monter et de descendre le long des murs, et de regarder les tableaux, elle tournera son attention vers les meubles et finira par se poser à l'endroit voulu, ce bout de table surmonté d'une imitation de branche, avec, sur la branche, l'étrange image d'un monstre, un dieu peut-être, de pierre ou de métal, exhumé par un Flinders Petrie [1] d'une cité du désert, où il était enfoui dans le sable depuis des milliers d'années. Vraiment, voilà un objet bien étrange et intéressant pour une mouche curieuse ! Et de même qu'un petit touriste se place en face du Sphinx pour observer son expression à une cinquantaine de mètres de distance, de même la mouche s'installe devant la gueule du caméléon à quinze, vingt ou vingt-cinq centimètres de distance. Ce n'est pas trop éloigné pour la langue, qui est aussi longue que le

---

1. William Matthew Flinders Petrie (1853-1942), égyptologue anglais.

CAMÉLÉONS

corps. L'œil sur pivot n'a jamais perdu de vue la voyageuse bleue. Même à présent, il est fixé sur elle. La langue suit comme l'éclair et le tour est joué : la mouche a disparu, elle ne bourdonnera plus et ne sera plus jamais bleue !

Pendant ce temps, le même caméléon, sur l'autre versant de lui-même, s'est mis à somnoler, il a sombré dans une rêverie ou peut-être est-il en train de philosopher, l'œil de ce côté-là étant enfoncé dans le crâne. On pourrait dire qu'il est confortablement installé chez lui, enveloppé de rêves roses, tandis que son compère caméléon, l'autre moitié de lui-même, est en chasse, en train de pratiquer une stratégie subtile pour capturer un gibier étourdi et craintif. Cependant, à tout moment, ces deux-là, si divisés soient-ils et si indifférents aux actes et aux pensées de l'autre, peuvent ne faire qu'un : ils se rejoignent littéralement et une seule volonté prend le commandement du corps tout entier, de la tête de gargouille à la queue préhensile.

Je peux rire maintenant du regret que j'avais de ne pas être un caméléon, mais il n'y avait pas de quoi rire, alors : ma conscience pointait un doigt sévère sur ma table de travail, tandis que, de la porte, une voix persuasive m'incitait à sortir, si je ne voulais pas manquer quelque chose que je ne reverrai jamais. Quelle était cette chose merveilleuse, où et quand je la verrai, je n'en avais aucune idée : tout ce que j'avais à faire était d'être toute la journée dehors pour attendre patiemment en gardant l'œil aux aguets !

L'étonnant est que, malgré les remontrances de ma conscience, je fus témoin de choses vraiment dignes d'intérêt. Un jour, tandis que j'étais assis près du vieux local en ruine des garde-côtes, dans les dunes, entre la mer et le marais, je remarquai un petit oiseau inconnu, ayant l'apparence d'un rouge-gorge, mais plus sombre et sans jabot rouge, voletant de manière enjouée autour des murs croulants. Peu à peu, son vol zigzagant à la poursuite des mouches l'amena à se poser à moins de cinq mètres de moi. Perché là, me regardant d'un œil curieux en baissant les ailes tout en agitant une large queue, il me révéla son identité : un rougequeue noir ! Quel coup de chance : dans ce lieu désert et désolé, je n'aurais pu rencontrer de compagnon plus engageant, ou plus amical. C'est le cousin germain du hoche-queue de nos régions, qui chante si doucement l'été, mais le hochequeue est un oiseau timide, alors que ce rougequeue noir était plus effronté que n'importe quel rouge-gorge. Je compris qu'il prenait un jour de repos dans les dunes après un vol périlleux au-dessus de la mer du Nord, et qu'il venait de Hollande, où il est commun et niche sans peur à l'intérieur et autour des maisons. C'est pourquoi il était si confiant, et pourquoi il me regardait avec une telle curiosité, car il savait, à mon allure, que je n'étais pas hollandais. Il n'en savait pas plus, et il n'avait pas de lettre attachée à l'aile. Mais il ne me transmit pas moins un salut et un message venant de ce pays et de ce peuple qui, parmi les nations du continent, ressemble beaucoup aux Anglais sous l'angle de la bienveillance envers les animaux et de bien d'autres choses, mais qui traite les oiseaux encore mieux que nous le faisons.

ROUGEQUEUES

Un autre jour, je me glissai dans le bois de pins, sur les collines sableuses près de la mer. Au cœur du bois, je parvins à une combe profondément creusée dans le sable et je m'assis là, au bord du bassin, au milieu des longues herbes grises, entouré par les troncs rouge sombre des pins. Il régnait un calme merveilleux dans cette retraite cachée au fond du bois. Après être resté assis une demi-heure, l'œil et l'oreille à l'affût, il me vint à l'esprit que je pourrais rester là une demi-journée sans voir la moindre créature vivante ni entendre le plus faible bruit de vie. Cependant, une autre minute ne s'était pas écoulée que flamba quelque chose comme un éclair roux : un bel écureuil pourvu d'une queue exceptionnellement touffue. Glissant rapidement le long d'un tronc, il se mit à bondir, à faire des pirouettes et à filer d'un trait ici et là sur le sol de la combe, à moins de vingt mètres de moi. Je restai assis sans bouger, et il ne me vit pas ou ne prit pas garde à ma présence : à la façon du rossignol solitaire qui ne demande pas de témoin de son chant, il était seul dans le bois et, de toute son âme, jouait son jeu à la folie, arquant le dos comme une belette, puis se détendant de toute sa longueur pour entamer une folle sarabande, d'un mouvement ondulant, une vague après l'autre le long du dos et de la queue, ce qui lui donnait l'apparence d'un serpent. Arrivant sur une épaisse litière d'aiguilles de pins, il s'arrêta net et s'aplatit sur le sol comme une dépouille d'écureuil, les quatre pattes griffues visibles aux quatre coins. Après avoir tiré tout le plaisir possible de la sensation de se frotter le ventre contre les aiguilles, il bondit pour continuer à jouer, mais aperçut soudain un gros agaric, d'un blanc jaunâtre, à quelque pas. Se précipitant sur lui, il l'arracha violemment en prenant le pied dans ses mains griffues et se mit à le dévorer comme s'il mourait de faim, mordant à pleine dents et faisant travailler ses mâchoires comme un hache-paille.

Assis sur ses pattes arrière pour s'attaquer au champignon, il avait l'air d'un étrange petit homme rouge en train de dévorer une tartine ronde de pain et de beurre deux fois aussi grosse que lui. Soudain, après quelques bouchées, il lança l'agaric par terre, comme s'il en trouvait le goût détestable ; il quitta la combe en quelques bonds et disparut au milieu des arbres.

Avec de telles choses à voir, la simple pensée d'avoir à travailler me donnait une sensation de lassitude et de nausée. M'asseoir devant une pile de vieux cahiers de notes, certains datant de plus d'un an, pour choisir, patiemment et laborieusement parmi des centaines, deux ou trois observations dignes d'être rapportées, me semblait un fardeau intolérable, qui ne valait pas la peine de brûler une chandelle. Même la vue d'un rougequeue noir (avec le bonjour de la Hollande) et les ébats d'un fantastique écureuil me semblaient cent fois plus intéressants que tout ce que j'avais vu l'an dernier. Revenir en arrière était quitter la vie, le souffle, les palpitations de la nature pour tripoter des monceaux de vieilles photographies jaunies et rêvasser sur des souvenirs poussiéreux. Pourquoi revenir en arrière ? Pourquoi, en effet ! Ah ! Qu'il est facile de poser la question. On la pose très souvent, et il n'y a que la bonne vieille réponse : à cause de l'éternel désir en nous,

ÉCUREUIL COMMUN

qui a même dû ronger le cœur de l'homme des cavernes, de révéler, de témoigner, de faire connaître le nouveau royaume enchanté que nous venons de découvrir, de tenter de transmettre aux autres quelque chose de l'étonnement et du délice que nous avons trouvé dans la nature.

On dit – et je parle ici des gens de ma tribu, les naturalistes – que les oiseaux aussi, comme nous, peuvent être tiraillés entre deux impulsions contraires, et que ce conflit peut être la cause de l'un des drames les plus pathétiques, parmi les innombrables petites tragédies annuelles de la nature. Cela arrive quand un couple d'hirondelles, élevant une couvée tardive, ressent l'appel irrésistible de l'instinct migrateur qui le pousse vers le sud avant que les petits aient appris à voler.

Il arriva que, le jour même de mon arrivée à Wells, le 17 octobre, je remarquai un couple de martinets encore en train de nourrir leur couvée dans un nid situé sous l'auvent d'une boutique de sucreries, à deux ou trois portes de la poste de Wells. Je vais donc vérifier le fait moi-même, me dis-je, en décidant de les avoir à l'œil. Il n'y avait plus de martinets ni d'hirondelles à Wells à cette date. J'avais, me semblait-il, été témoin des dernières migrations d'hirondelles, sur la côte sud du Devon. Je les avais vues, matin après matin, voyager en grand nombre le long de la côte en direction de l'île de Wight, qui est l'un de leurs points de passage, jusqu'à ce qu'elles fussent toutes parties.

Je surveillais les martinets, leur rendant visite très tôt chaque matin, et, plus tard, deux ou trois fois chaque jour.

Les oisillons, que l'on voyait quand ils tendaient le bec et presque la moitié du corps pour recevoir la nourriture que les parents leur apportaient, étaient très bruyants et prêts à s'envoler.

« Ils voleront d'ici un jour ou deux », me dis-je avec confiance. Les gens de la maison m'informèrent que ce nid avait, l'un dans l'autre, été occupé tout l'été. En supposant que la première ponte avait eu lieu au début de mai, il fallait croire que ce couple de martinets, au cours des six derniers mois, n'avait pas cessé d'élever des couvées, et que celle-ci était leur troisième, voire leur quatrième couvée. Une longue période, si l'on considère qu'ils avaient probablement affronté le mauvais temps : mauvais partout en Angleterre, mais particulièrement sur la côte du Norfolk, où les vents et le froid avaient été cruels, et les pluies particulièrement diluviennes en août.

Les deux jeunes oiseaux ne s'étant pas envolés les deux jours suivants, je commençai à penser qu'ils allaient être abandonnés, sur quoi les femmes de la maison proposèrent de les nourrir, dans l'espoir de les garder vivants jusqu'au retour d'un temps plus clément, où ils pourraient être libérés. À partir de ce moment-là, ces femmes, et d'autres gens en ville qui avaient commencé à s'intéresser aux oiseaux, m'aidèrent à surveiller le nid. Assurément, les jeunes allaient être abandonnés, et sans tarder. Le temps était froid et mauvais, la nourriture, plus rare chaque jour. Et, depuis plus d'un mois, le désir de s'envoler vers le sud, le « grand souffle qui, dans un langage puissant, ressenti mais inaudible, instruit

MARTINETS

les oiseaux du ciel »[2], devait tarauder la cervelle de ces deux petits martinets harassés de travail.

Mais, de nouveau, ce que j'attendais ne se produisit pas. Les parents n'abandonnèrent pas leurs petits et, à deux reprises, l'une le 25 octobre, l'autre cinq jours plus tard, ils firent de leur mieux pour tenter de leur apprendre à voler. Ils s'approchèrent du nid une douzaine de fois par minute, avec une mouche dans le bec, mais, au lieu de leur mettre la nourriture dans la bouche, ils voletaient un moment, le bec juste hors d'atteinte, puis s'éloignaient pour décrire un cercle et répéter l'action. Toutes ces manœuvres de séduction furent inutiles. Les jeunes n'avaient pas la force ou le courage de se lancer dans les airs, autrement ils eussent été sauvés.

Le lendemain, 31 octobre, le temps fut exceptionnellement mauvais. Il faisait froid, avec un fort vent, et il plut à verse toute la journée. Le cri des oisillons, dans le nid, était plus faible, et on ne voyait plus se tendre les têtes et les gorges blanches. Cependant, le couple continuait à travailler dur pour leur trouver de la nourriture, mais, en ce dernier jour, il n'allait pas chercher loin la provende. Les deux oiseaux étaient trop inquiets et, d'une certaine manière, conscients de la force déclinante de la couvée. Ils chassaient de rares mouches d'un bout à l'autre de la rue, toujours près du nid, en se donnant constamment cette petite secousse, au moyen de laquelle les hirondelles se débarrassent de la pluie sur leurs

2. James Thomson (1700-1748), *The Seasons*, « Spring » [1728], New York, Frederick A. Stokes & Brother, 1889, p. 46 : « mighty breath, [wich] in a powerful language, felt, not heard, instructs the fowls of heaven ».

ailes. Quelque chose avait changé dans leur comportement : environ tous les quarts d'heure, ensemble ou séparément, les oiseaux volaient jusqu'au nid et y demeuraient trois ou quatre minutes, certainement pour réchauffer les petits. En tout cas, je ne crois pas que ce soit pour se reposer car, les jours précédents, j'avais remarqué que, lorsqu'ils voulaient se reposer, ils se posaient dans l'un des nids de martinets désertés, près du leur.

La dernière journée fut courte, car il se mit à faire sombre à quatre heures, et les oiseaux s'installèrent avec leurs petits pour la nuit.

Le lendemain matin, bien que glacial, ressembla plus à un matin d'avril qu'à un matin de novembre, avec un vent léger, un ciel de cristal, et un soleil magique pour vivifier le monde et redonner vie à tout ce qui périssait. Les oiseaux avaient disparu et aucun bruit ne sortait du nid. Après avoir attendu quelques heures, je me procurai une échelle, enlevai le nid et découvris deux jeunes martinets morts à l'intérieur. L'un était mort dans la matinée, probablement à deux ou trois heures, avant le reflux de la marée de la vie. L'autre avait l'air d'être mort depuis deux ou trois jours.

Il ne s'agit que d'un cas, et c'est le seul cas de couvée tardive que j'ai eu l'occasion d'observer de près, mais il m'incite à croire que l'on se trompe peut-être en pensant que l'instinct migratoire force l'hirondelle à abandonner ses derniers petits, en les laissant mourir de faim dans le nid. D'autres observations sont nécessaires, mais le cas évoqué ici m'incline à penser que, tant que les jeunes sont

HIRONDELLES

vivants et capables de crier famine, l'instinct parental du couple demeure dominant et bride le désir de migration. Ce n'est que lorsque cessent les cris, à la mort des oisillons, que vient la délivrance et que le « grand souffle » pousse les oiseaux à s'envoler vers le sud, irrésistiblement, comme des graines de chardons voyageant dans les airs.

Dixon, dans sa *Migration des oiseaux*[3], avoue connaître un cas où des hirondelles ont abandonné leur nichée dans les premiers jours de novembre, quand les oisillons étaient presque capables de prendre soin d'eux-mêmes, mais, dans ou hors du nid, il ne le dit pas. Il ne dit pas non plus avoir personnellement observé le cas. Si les petits étaient dans le nid, ils étaient peut-être morts avant que les parents entreprennent le voyage. Il est possible que de tels cas aient été observés de temps à autre, mais ils sont sans doute exceptionnels. On sait que, chaque année, quelques hirondelles passent l'hiver avec nous. Elles sont engourdies par le froid et l'une d'elles survit parfois jusqu'au printemps suivant. Ces rares exemples ont donné naissance à la croyance que les hirondelles hibernent régulièrement, et des naturalistes sérieux l'ont soutenu jusqu'au début du dix-neuvième siècle. Mais l'on sait aujourd'hui que ces cas d'oiseaux engourdis sont de rares exceptions à la règle et que les hirondelles migrent chaque automne vers l'Afrique.

3. Charles Dixon (1858-1926), *The Migration of Birds : An Attempt to Reduce Avian Season-flight to Law*, Londres, Chapman and Hall, 1892, 2ᵉ éd. revue, Horace Cox, 1897, p. 112.

Pendant que je surveillais les martinets, et que le destin des oisillons était en jeu, mes amis pêcheurs et chasseurs de gibier d'eau ont beaucoup parlé de ce cas, et des hirondelles en général. Un homme m'a dit que, se trouvant l'hiver dernier (1911) dans le village voisin de Warham, par un jour ensoleillé de la mi-décembre, il aperçut cinq ou six hirondelles voletant faiblement au-dessus d'une mare. Elles se perchaient fréquemment sur un petit buisson de ronces proche de la mare, et elles étaient si dociles et si engourdies par le froid qu'il réussit à en prendre une dans la main. Il pensa que c'était une chose extraordinaire, mais il ne fait aucun doute que l'on voit chaque année, en Angleterre, quelques hirondelles au milieu de l'hiver, bien que leur apparition ne soit pas toujours signalée. Ces oiseaux sont totalement engourdis et le restent jusqu'au retour des beaux jours. Rares sont ces hirondelles sédentaires qui survivent jusqu'au printemps.

Un très vieux chasseur du coin me conta cet autre incident curieux. Quand il était un jeune homme habitant un petit hameau près de Wroxham Broad, de nombreux martinets venaient nicher chaque année chez lui. La famille était très fière de les abriter et, à chaque printemps, il mettait une planche au-dessus de la porte pour que les oiseaux ne la salissent pas. Un printemps, un couple de martinets fit un nid juste au-dessus de la porte, et ne l'avait pas plus tôt terminé qu'un couple de moineaux s'en empara et se mit immédiatement à pondre. Les martinets ne livrèrent pas bataille, mais ils ne s'en allèrent pas. Ils se mirent à bâtir un nouveau nid aussi près que possible de l'ancien. L'entrée du nouveau nid fut identique à celle de l'ancien, la partie arrière du nouveau construite contre la partie frontale de l'autre. Cela fut rapidement fait et, résultat du travail, l'entrée du vieux nid fut complètement bloquée. Les moineaux avaient disparu. Le jeune homme se demanda pourquoi, après avoir occupé un nid qui ne leur appartenait pas, ils s'étaient laissés faire de cette façon. À la fin de la saison, après le départ des martinets, il ôta la planche et le double nid lui parut si curieux qu'il le descendit aussi pour l'examiner. En brisant celui dont l'ouverture avait été bouchée, il fut étonné de découvrir la femelle du moineau, un squelette couvert de plumes couvant toujours quatre œufs !

Adieu aux ailes

Mon intérêt inquiet pour les hirondelles ne m'empêcha pas de voir et d'entendre les oies. Elles étaient arrivées, comme d'habitude, par milliers, et les chasseurs dirent qu'ils n'en avaient jamais vus en aussi grand nombre que cet automne. La raison en était sans doute l'inhabituelle abondance de nourriture sur les terres des fermes, où de grandes quantités de blé étaient restées sur le sol en raison des pluies torrentielles d'août et de septembre. Les pertes des fermiers étaient pain béni pour les oies sauvages. Les oiseaux tués pendant mon séjour étaient gras et avaient le jabot rempli de blé. Il est certain qu'elles étaient heureuses, et quand elles passaient au-dessus de la ville en caquetant et en poussant des cris sonores, on pouvait imaginer qu'elles riaient dans le ciel : « Ah! Ah! Ah! Nous menons la vie à grandes guides, malgré vous, méprisables chasseurs privés d'ailes, tant que nous nous souvenons, dans nos allers et retours vers la mer, de nous tenir hors de portée de vos détestables vieux fusils! » Elles ne s'en souvenaient pas toujours, et une oie était un trophée de choix, quand elle était abattue par le fusil de l'un de ces hommes extrêmement pauvres. Mais quand ils m'envoyaient un oiseau, rien que pour me montrer quel bel oiseau le vieux Untel avait abattu, et me demander si je donnerai une couronne pour lui, je ne pouvais que répondre que c'était vraiment un bel oiseau et que je félicitais mon vieil ami de cette aubaine, mais que je n'allais pas acheter une oie. Je mange du mouton, du porc et d'autres bêtes – mais pas de la vache – également du gibier, faisan et divers autres oiseaux, sauvages et domestiques. Mais je tire un trait sur les oies sauvages. Je mangerais aussi bien une alouette, ou une caille, ou un jeune individu dodu de ma propre espèce, mais pas ce sage et noble oiseau.

Les cris des oies allant chercher leur nourriture dans les terres pénétraient dans ma chambre avant mon lever, et le même cri vivifiant retentissait de nouveau le soir, juste après le coucher du soleil, faisant sortir femmes et enfants de leurs maisons pour écouter et voir les oiseaux de passage. À cette heure, j'étais d'ordinaire dans le marais ou au bord de la mer pour observer au mieux le passage des oies. Certains soirs, elles n'étaient pas au rendez-vous, mais il y avait toujours d'autres oiseaux intéressants. Parmi eux, surtout, la corneille mantelée. Elle avait, cette année, quelques jours de retard, mais, au cours des dix ou douze derniers jours d'octobre, elle arriva régulièrement, en général le matin, jusqu'à former de nombreuses colonies le long de la côte. Le meilleur moment pour observer ces oiseaux est le soir, quand ils se sont gavés toute la journée de petits crabes et de charognes rejetées par la mer comme les oies de blé, et

OIE

qu'il leur reste une heure durant laquelle ils jouent avant d'aller se percher.

Un soir, le spectacle qu'ils donnèrent à marée basse sur une grande étendue boueuse à l'embouchure de la rivière – le petit estuaire qui sert de port à Wells – me divertit vraiment. Soixante ou soixante-dix oiseaux s'étaient rassemblés là pour s'amuser avant d'aller se percher. Une corneille allait chercher quelque chose à manger et, quand elle avait trouvé un petit crabe ou un autre morceau de choix, elle en faisait toute une affaire et le brandissait comme un défi envers les autres. Alors, sa plus proche voisine fondait sur elle, il s'ensuivait un simulacre de combat, où le crabe était arraché et emporté triomphalement plus loin, pour servir de défi aux autres. Ce n'était là qu'un jeu, parmi une douzaine de formes différentes de jeux auxquels les oiseaux s'adonnaient et, pendant que se poursuivait ce jeu à terre, à quelques secondes d'intervalle, l'un d'eux montait en chandelle dans l'air jusqu'à une hauteur de cinq à six mètres, puis, culbutant sur lui-même, se laissait tomber à terre. Tomber à la verticale semblait être le but de chaque oiseau, mais, quand le vent soufflait, c'était loin d'être facile, et ils se contorsionnaient et voletaient en tordant leurs ailes de diverses manières pour ne pas être déportés. À de plus longs intervalles, une corneille s'élevait jusqu'à une hauteur de douze à dix-huit mètres, montant avec beaucoup plus de facilité que les autres, à grands coups d'ailes, et se laissait tomber avec plus d'adresse, presque comme une pierre. Il y avait une telle différence entre ce spectacle et celui que donnait la troupe, que ces oiseaux avaient l'air d'être des professionnels du jeu, les autres de simples amateurs ou des débutants.

Quand je décrivis ce que j'avais vu à un vieux de la vieille, il me répondit : « Je les ai vus maintes et maintes fois jouer comme ça et, en les observant, je me suis dit : on dirait une bande de gamins. »

Je doute que quelqu'un ayant observé les oiseaux de près quand ils sont en troupe, surtout s'ils sont venus ensemble, comme les corneilles mantelées, dans le simple but de se divertir, ne se soit pas dit un jour : quelle bande de gamins !

C'est une expérience merveilleuse, pour un naturaliste de terrain, que de s'asseoir, jumelles en main, à la bonne distance pour observer les oiseaux à leurs jeux. Cette distance varie selon l'espèce et la nature du sol. Elle doit toujours se situer hors de la zone de danger, de sorte que, si les oiseaux aperçoivent le spectateur, ils ne fassent pas attention à lui et soient pratiquement inconscients de sa présence. Quelle que soit la distance, une bonne paire de jumelles permet d'observer les oiseaux comme s'ils étaient à une douzaine de mètres.

Je faisais presque chaque jour cette expérience merveilleuse aux endroits où les oiseaux avaient l'habitude de se rassembler dans les champs ou près de la mer. Je les observais pendant des heures et n'étais jamais déçu, même quand il n'y avait rien de particulier à voir ou à noter. Plus le rassemblement était important, plus vif était l'intérêt de l'observation, en raison des différences significatives de comportement. Mais si l'on parle de la vie des oiseaux des champs et des rives, ils ont ceci en commun qu'ils semblent tous prendre un certain plaisir à se tenir compagnie. Par exemple, si un couple de vanneaux huppés se trouve dans un champ et qu'une bande de sansonnets apparaît, ces derniers, après avoir tourné un moment, comme en proie à l'hésitation, s'abattent presque toujours à l'endroit où se trouvent les vanneaux et se nourrissent en leur compagnie. Si des freux ou des grives litornes arrivent, ils se joignent également à la troupe. Même aux endroits où il y a de gros volatiles, oies ou tadornes, par exemple, tous les petits oiseaux qui arrivent sur les lieux – sansonnets, grives, alouettes – se posent au milieu d'eux. Ils semblent se connaître les uns les autres et, bien que sans parenté, sont des amis intimes : oies, canards, freux, choucas, corneilles, vanneaux, grives de toutes sortes, alouettes, pipits et bergeronnettes... même les courlis, les chevaliers gambette et autres petits oiseaux de rivage, durant les intervalles où ils quittent la mer. Dans ces champs, hérons et mouettes sont aussi inclus dans la compagnie. On ne peut observer longtemps l'un de ces rassemblements sans être témoin de petits incidents qui n'ont rien à voir avec l'activité principale : la recherche de graines enfouies sous la surface ou de larves cachées entre les racines fibreuses de l'herbe. C'est une occupation importante et qui prend du temps avant d'apaiser l'appétit, car chaque becquée doit être recherchée dans un endroit différent. Mais elle n'occupe pas toute leur attention. Il y a toujours une sorte de jeu qui se poursuit en sourdine, des rencontres amicales ou hostiles, de méchantes farces et des explosions de gaieté. L'esprit de jeu est universel chez les oiseaux. Même le héron solennel et décharné, un vrai parapluie, en est capable. J'ai observé un jour avec délice trois ou quatre de ces oiseaux faisant partie d'un grand rassemblement se mettre soudain à gambader comme des fous. Un héron en train de jouer diffère de tous les autres oiseaux à ses mouvements maladroits et disgracieux et, s'il se met à courir, il semble à peine capable de garder l'équilibre.

Les moments d'abandon du héron sont rares, si bien qu'il paraît très raide. Les petits oiseaux de rivage, au contraire, se laissent souvent aller et sont très gracieux à observer quand ils jouent. Un jour que j'étais assis sur le rivage, je n'avais que deux oiseaux en vue, deux pluviers guignards, l'un en train de picorer dans l'étendue de boue qui se trouvait juste au-dessous de moi, l'autre courant au bord de l'eau, quarante ou cinquante mètres plus loin. Peu après, ce dernier s'envola en direction de son compagnon, mais, au lieu de se poser près de lui comme je m'y attendais, il s'immobilisa en l'air et plana trois ou quatre secondes, à un peu moins d'un mètre, juste au-dessus de lui, puis se laissa tomber comme une pierre sur son dos, le clouant presque au sol sous l'impact, après quoi il replia les ailes et fit comme si de rien n'était. L'autre oiseau, se remettant du choc, prit une attitude belliqueuse, le bec tendu, la collerette et le plumage hérissés, les ailes et les plumes de la queue en éventail. Mais il ne fit aucune tentative pour infliger une punition. Après cette parade de ressentiment envers l'affront subi, il se contenta d'émettre une série de notes grondantes, prolongées dans l'aigu. Cela fait,

HÉRONS

les deux pluviers commencèrent tranquillement à chercher leur nourriture ensemble.

Dans les grands rassemblements, on observe que, si tous les oiseaux se rencontrent et se mélangent sans problème, il y a une grande différence dans leurs dispositions et leurs activités ludiques, s'il m'est permis de m'exprimer ainsi. Les espèces les plus sociables – les petits oiseaux des rivages, les sansonnets et les freux, par exemple – jouent entre elles, et les jeux sont parfaitement inoffensifs, bien qu'il y ait souvent simulation de colère. Cela fait partie du jeu, comme chez les chatons et les enfants. Les mouettes se mêlent aux autres, mais restent sur leur quant à soi, et ne jouent pas de tours à leurs voisins, comme les freux, rien que pour le plaisir du mauvais coup. Elles veulent quelque chose de plus substantiel et elles vont généralement le chercher chez les pluviers. La mouette vole comme si elle était sans but, puis se pose au milieu des pluviers pour se reposer sur l'herbe, ou arpente le sol en inspectant l'herbe avec curiosité, se demandant peut-être quelle mystérieuse faculté possèdent les freux et les sansonnets, capables de reconnaître quel brin d'herbe, parmi des milliers, abrite une larve dans ses racines – un morceau de choix qui peut être déterré d'un coup de bec. L'herbe ne lui disant rien, elle trouve plus profitable d'observer le travail des autres dénicheurs. La mouette se coule auprès du pluvier, mine de rien, en faisant honnêtement semblant de chercher quelque chose, tout en observant avec grande attention les mouvements de l'autre, pour être prête, à l'instant où une larve est exhumée, à s'en emparer sans coup férir.

Un autre oiseau ne prenait aucune part au travail et aux jeux : un faucon qui avait fait des pâturages son terrain de chasse journalier. Je n'ai pu découvrir ce qu'il cherchait, car je ne l'ai jamais vu attraper un campagnol et il était trop tard pour capturer des insectes. En tout cas, il était souvent là et les autres oiseaux ne faisaient pas attention à lui. Même les plus petits – alouettes, pipits, hochequeues – savaient que c'était un personnage inoffensif. Mais un jour, comme il était en chasse, planant par moments, se laissant tomber à terre, un vol d'environ cinquante sansonnets parut au-dessus du champ, en fit le tour comme s'il allait s'y poser, puis changeant soudain d'idée, remonta jusqu'à se trouver environ vingt mètres au-dessus du faucon ; il se mit à en suivre les mouvements et, dès que le rapace recommença à planer, cinq ou six étourneaux se détachèrent du vol et lui tombèrent sur le dos comme des pierres. Il les chassa hargneusement à coups de bec et, volant un peu plus loin, recommença à chercher. Mais ils le suivirent et, dès qu'il se remit à planer, il reçut une demi-douzaine de sansonnets sur le dos.

Après avoir subi cinq ou six fois cet outrage, il gagna une autre partie du champ et reprit sa chasse à cet endroit. De nouveau, les sansonnets le suivirent et recommencèrent à le tourmenter dès qu'il planait, si bien que, fou de colère et de dépit, il disparut, tandis que les étourneaux, leur objectif atteint, se posèrent dans le champ et se mirent à picorer. Cette action a peut-être été inspirée par le goût de la plaisanterie, ou par un esprit mal tourné, doublé d'un sentiment d'irritation de voir un oiseau étranger à leur confrérie, n'ayant pas les

SANSONNETS

mêmes mœurs qu'eux – sentiment apparenté à celui d'un être au tempérament primaire prompt à soulever une brique à la vue d'un étranger. C'est un sentiment très commun chez les oiseaux, mais, l'émotion se traduit avec une précision et une grâce telle que l'observer est un plaisir.

Par opposition à ce comportement méprisant, j'ai observé au même endroit, chez un autre vol d'étourneaux, des sentiments différents éprouvés à l'égard d'un étranger comme le faucon, et une compagne de garde-manger comme l'oie sauvage. Venant de la mer, un petit troupeau de douze ou quatorze oies parut au-dessus des champs, se dirigeant vers leur lieu de ravitaillement dans les terres ; au même moment, un vol d'une centaine de sansonnets, volant beaucoup plus haut que les oies, croisa leur trajectoire à angle droit. À l'instant où les vols se croisèrent, une trentaine d'étourneaux se détacha du nuage et se laissa tomber au milieu des oies. Ils ne se mirent pas à voler parallèlement aux grands oiseaux. Ils se mêlèrent à eux, réglant leur vol sur celui des oies. Ils ne devaient pourtant pas avoir une position très confortable au milieu de ces grands et puissants voiliers, éventés par leurs ailes et risquant d'être blessés par les longues et dures rémiges. Jumelles rivées sur le vol, je les ai observés jusqu'à ce que je ne puisse plus les voir, les sansonnets toujours accrochés au sillage des oies.

Qu'est-ce qui avait pu pousser ces trente oiseaux à quitter le nuage d'une centaine de congénères pour agir ainsi ? Peut-être étaient-ils simplement « comme des petits enfants » qui s'étaient dit : « Allez, jouons à être des oies, et volons solennellement au milieu des clameurs et des gloussements jusqu'aux terres lointaines des fermes où nous pourrons nous remplir le jabot de trèfle et de grains d'avoine ! Et pendant que certains d'entre nous se nourriront, les autres monteront la garde afin qu'aucun chasseur matois, caché derrière un vieux cheval de trait broutant l'herbe, ne nous couche en joue à portée de fusil. »

On devient tellement persuadé de l'unité de pensée d'un vol de sansonnets – l'idée que le nuage entier doit suivre tous les mouvements du guide, à supposer qu'il y en ait un – que l'on désire toujours connaître la cause des divergences, comme lorsqu'un vol se divise et suit des directions différentes. Ainsi, dans un nuage volant régulièrement dans une direction, la moitié des oiseaux se laisse soudain tomber à la cime d'un arbre, tandis que l'autre poursuit sa trajectoire. Ou bien, passant au-dessus d'un champ où paissent des moutons, quelques oiseaux se posent pour picorer au milieu d'eux. Dans le premier cas, la cime de l'arbre a sans doute donné envie de se reposer à un seul oiseau qui, ayant immédiatement répondu à cette impulsion, a entraîné dans son sillage un certain nombre de congénères, tandis que les autres, suivant l'impulsion originelle du voyage, ont poursuivi leur vol vers un endroit plus lointain. De même, dans le second cas, la scène aperçue par l'un des membres du vol a dû brusquement le frapper : la faim est créée par suggestion, et la vue de moutons en train de brouter, éparpillés dans l'herbe humide d'un champ vert, est associée à la faim pour cet étourneau, qui plonge donc vers les moutons, entraînant d'autres oiseaux dans son sillage. Le mouvement des sansonnets s'en allant avec les oies peut sans doute être interprété de la même façon. Une impulsion liée à une association a pu inciter ces trente oiseaux à se séparer du vol. Ces sansonnets, probablement des migrateurs venant du nord de l'Europe, étaient intimes avec les oies. Ils avaient sans doute voyagé avec elles au-dessus de terres déjà couvertes de neige, et au-dessus de la mer. Ils avaient également dû se nourrir avec les oies, dans les prairies vertes et les champs où ces deux espèces trouvent de la nourriture en abondance. La vue du vol d'oies étant associée pour eux à de telles expériences, ils ont été immédiatement mus par l'impulsion de les rejoindre et de voler avec elles – enfin, trente oiseaux seulement, le reste du vol, soixante-dix sansonnets, demeurant étrangers à cette impulsion contagieuse.

Le soir du 29 octobre, le ciel s'éclaircit et les oies rentrèrent, non par vols successifs, mais toutes ensemble, un peu plus tôt que de coutume. J'étais dans le marais, vers Blakeney, à plus d'un kilomètre de Wells, lorsque, une heure avant le coucher du soleil, une oie solitaire vola près de moi en direction de la mer, à moins d'un mètre au-dessus du sol. C'était un oiseau blessé, qui avait été tiré quelque part dans les pâtures, et, incapable de suivre le troupeau regagnait péniblement, en solitaire, le dortoir des sables. Lorsque l'oie se fut éloignée d'environ deux cents mètres, quelques chevaliers gambette sortirent du bord de la crique et, après avoir tourné une fois ou deux, se laissèrent tomber au même endroit. Dès qu'ils se furent posés, l'oie changea de direction et, volant droit vers eux, vint leur tenir compagnie. Ce comportement est typique d'un oiseau grégaire en détresse, abandonné par ses congénères. Il essaie toujours de frayer avec d'autres volatiles, quelle qu'en soit l'espèce – même une oie avec des chevaliers gambette, et ce dans un endroit extrêmement dangereux pour une oie, car les chasseurs se cachent souvent dans les criques. Il était évident que l'oie était mal à l'aise et troublée par ma présence car, après s'être posée, elle resta le corps dressé, la tête tournée vers moi. Elle demeura un bon quart d'heure en compagnie des chevaliers, mais elle ne s'était pas posée depuis plus de deux minutes qu'une corneille mantelée vint se mêler de l'affaire et se mit à tourner autour d'elle. Jamais une corneille n'attaque une oie blessée, même gravement ; mais quand un oiseau est en difficulté, elle ne peut s'empêcher de satisfaire sa curiosité naturelle en l'examinant de près pour voir dans quel état il se trouve. De son côté, l'oie sait exactement ce qui se passe dans la tête de la corneille et, sans aucun doute, trouve ses mœurs méprisables. Je les observai avec grande attention : chaque fois que la corneille s'approchait trop de l'oie, celle-ci se baissait et tendait vers elle son cou et sa tête de serpent. Si mes jumelles avaient été capables de rendre le son aussi bien que l'image, nul doute que j'eusse entendu le sifflement de colère, rappelant celui d'un reptile, qui accompagnait le geste de menace. Et, à chaque tentative d'intimidation, la corneille s'éloignait en sautillant, puis recommençait à marcher et à sautiller autour de l'oie, jusqu'au moment où, ayant enfin satisfait son impudente curiosité, elle s'envola.

Quelques minutes plus tard, du fond du ciel résonnèrent les cris des oies qui approchaient, alors l'oiseau blessé tourna la poitrine vers l'intérieur des terres et se tint immobile, la tête levée, pour écouter et voir ses congénères qui, avec une joie bruyante, des grains plein le jabot, regagnaient indemnes leur retraite. Les cris augmentèrent, et bientôt les oiseaux apparurent, formant non un corps compact, mais trois files d'une longueur immense entre lesquelles volaient des phalanges composées de douze à quarante ou cinquante individus.

Il y avait deux semaines que j'observais le retour des oies, le soir, mais je ne les avais encore jamais vues réunies en un seul vol d'au moins quatre mille oiseaux, couvrant le ciel sur une longueur d'environ cinq cents mètres. Jamais, non plus, les conditions n'avaient été aussi favorables. Les soirées précédentes avaient été nuageuses et les oies n'apparaissaient souvent qu'à la tombée de la nuit. Ce soir-là, le ciel était sans nuage, sans tache, et le soleil toujours plus haut que l'horizon. Du marais, je le voyais comme un grand globe pourpre suspendu sur les toits noirs et bas de Wells, au milieu desquels s'élevait le clocher carré de l'église. L'immense armée aérienne passa juste au-dessus de moi et de l'oie blessée, immobile comme une statue, et toujours aussi visible dans le marais d'un brun uniforme. Deux ou trois minutes plus tard, les oiseaux de tête furent au-dessus des sables et s'arrêtèrent, volant sur place, ou se mirent à tournoyer lentement à la même hauteur. Comme d'autres oiseaux les rejoignaient sans cesse, la formation se démantela graduellement, phalanges et vols se fondant en un seul vaste nuage d'oies tourbillonnant comme une volée de mouettes. Alors la descente commença, quelques oies se détachant du nuage et glissant à l'oblique, tandis que d'autres, seules ou par petits groupes, les ailes à demi repliées, se laissaient tomber sur le sol avec une extraordinaire violence. Ce merveilleux déploiement d'ailes dura quatre ou cinq minutes, puis la multitude s'abattit sur le sol. Jamais les oiseaux sauvages d'Angleterre ne m'avaient offert un aussi prodigieux spectacle.

L'oie blessée attendit que ses congénères fussent invisibles et que le tumulte des cris eût fait place au silence. Après un moment d'hésitation, où elle s'éloigna de quelques pas, puis revint près des chevaliers, comme si elle répugnait à quitter ces petits compagnons impuissants de peur de ne pas en trouver d'autres, elle se décida à prendre le chemin de la mer.

Comme il n'y avait pas, à ce moment-là, de chasseurs à cet endroit du rivage, elle n'aurait aucune peine à rejoindre la colonie, mais qui sait si elle pourrait retourner dans les pâtures avec les autres, le lendemain, ou jamais.

De mauvais jours pluvieux succédèrent à cette soirée unique, ce grand déploiement d'ailes sur une magnifique échelle. Ils furent suivis d'une autre matinée parfaite de novembre, comme celle où les martinets avaient abandonné leur nid. Un ciel clair, une lumière glorieuse sur le monde du marais brun, et un air vivifiant donnant presque à penser « que les miracles n'ont pas cessé »[1] puisque, en l'inhalant, les fers

1. John Wesley (1703-1791), *A Letter to the Right Reverend the Lord Bishop of Gloucester*, in *The Works of the Reverend John Wesley*, New York, J. Emory & B. Waugh, t. V, 1831, p. 472 : « miracles are not ceased ».

GRIVES

qui nous retiennent paraissent tomber d'eux-mêmes. Par un tel matin, un homme doit simplement imiter les mouvements d'une grue ou d'une cigogne, lever les bras, puis faire deux grandes enjambées et un saut en avant, pour se retrouver lancé dans l'espace, s'élevant à une hauteur immense, dans un voyage d'exploration « vers d'autres cieux et des mondes jusqu'alors inconnus »[2]. C'est le moment où l'on est sur le point de se transformer en oiseau.

Du côté où un énorme soleil se levait, le ciel était tout entier une flamme d'ambre pâle sur laquelle, à une grande distance, semblait-il, apparurent de petits points noirs augmentant rapidement de taille, qui se transformèrent en une compagnie de corneilles mantelées venant d'arriver de leur voyage au-dessus de la mer du Nord. Et elles ne furent pas plus tôt en route vers les terres, de leur vol laborieux à lents battements d'ailes, que d'autres corneilles leur succédèrent, par deux ou trois, puis par demi-douzaines, puis par deux douzaines et plus : une procession sans fin d'oiseaux épars au plumage blanchi venant de Scandinavie pour hiberner en Angleterre. De temps en temps, apparaissaient également des grives litornes, voyageant un peu plus vite avec un vol ondulant, mais suivant strictement la trajectoire des corneilles. Les grives, qui paraissaient également fatiguées, voyageaient silencieusement, et il n'y avait d'autre bruit que le lent bruissement de leurs ailes.

2. Alexander Pope (1688-1744), *An Essay on Man*, in *The Poetical Works of Alexander Pope*, Londres, J. Walker, 1808, p. 233 : « Heavens not his own, and worlds unknown before ».

Une matinée et des oiseaux pour réjouir le cœur d'un naturaliste. Pourtant, je n'éprouvai pas longtemps ce bonheur, car survint un sentiment contraire : la même vieille ineffable tristesse de quitter un endroit qui m'était subrepticement devenu trop cher. Car, dès que je prends conscience d'un tel attachement – cette étrange ruse des nerfs végétatifs envoyant d'innombrables filaments invisibles qui s'accrochent comme des vrilles à chaque objet, à chaque « brin d'herbe », ou s'enracinent dans le sol –, je prends peur et me hâte de couper ces fils importuns avant qu'ils ne soient trop forts pour moi, et je quitte l'endroit en vitesse. En effet, pourquoi ces champs, ces maisons et ces arbres, ce bétail, ces moutons et ces oiseaux, ces hommes, ces femmes et ces enfants, devraient-ils m'être plus chers que d'autres, n'importe où dans le pays ?

Pourtant, je ne fis pas, en cette occasion, de vœu désespéré. Le souvenir des oies sauvages m'empêcha de dire le mot qu'il ne fallait pas dire. J'avais prévu de partir dans la matinée et de dire simplement au revoir. Mais j'avais le cœur lourd, et c'était peut-être un cœur prophétique.

Le noir cortège épars des corneilles, coupé de quelques vols de grives, n'avait pas fini de passer, quand le train, contournant les marais verts et les champs sacrés des oies sauvages, m'amena près de Lynn. Là, avant d'arriver à la petite gare de Holkham, je les vis pour la dernière fois. En regardant par la vitre, je surpris une troupe d'une douzaine d'oies d'Égypte, issues du parc de Holkham, qui venaient rendre visite à leurs congénères en liberté. À l'approche du train, elles prirent peur et s'envolèrent dans un grand concert de cris et de gloussements, montrant à leur avantage le riche contraste de leurs couleurs : du noir, du rouge et un blanc brillant. Un peu plus loin, il y avait un troupeau d'environ huit cents oies sauvages. Tous les oiseaux avaient le cou tendu pour voir le train passer à bonne portée de fusil. Cependant, en dépit du bruit, de la vapeur, de la machine en marche, et des clameurs du vol des Égyptiennes à demi domestiques, ces oies sauvages, les oiseaux les plus persécutés et les plus défiants du monde, n'émirent aucun cri d'alarme et ne firent pas un mouvement !

Difficile de trouver un meilleur exemple de l'intelligence de ces oiseaux. Ni, du point de vue de ceux qui rêvent de trouver en Angleterre une vie ailée plus noble et plus variée que celle à laquelle nous en sommes maintenant réduits, une plus parfaite leçon de choses.

Notule sur les illustrations

Les deux vipères péliade (*Vipera berus*) sont tirées l'une du *Bilder-Atlas*, l'autre du livre sur les vipères de J. van Lier *Verhanderling over de Drentsche Slangen en Adders* publié à Amsterdam en 1781.

Johann Friedrich Naumann (1780-1857) ornithologue allemand, fils de fermier, quitte l'école à 14 ans, passe sa vie à rédiger les 12 volumes d'un traité d'ornithologie orné de 400 gravures et devient Professeur-Docteur par la grâce du prince Ferdinand Friedrich von Schleswig-Holstein (1769-1830) qui le nomme directeur de son cabinet de curiosités.

L'extravagant caméléon sort directement du *Systema Reptilium*, très exactement de l'Atlas des Reptiles et des Amphibiens *Bilder-Atlas zur wissenschaftlich popülaren Naturgeschichte der Wirbelthiere* (Vienne, 1864) du non moins extravagant Leopold Joseph Franz Johann Fitzinger (1802-1884) qui travailla 27 ans au muséum d'histoire naturelle de Vienne et le quitta pour diriger les zoos de Munich et de Budapest.

L'écureuil de l'*Histoire naturelle des mammifères : avec des figures originales coloriées, dessinées d'après des animaux vivans* (A. Belin, 1824-1842) d'Étienne Geoffroy Saint-Hilaire (1773-1844) et Jean, Léopold, Nicolas, Frédéric, Chrétien, Dagobert (dit Georges) Cuvier (1773-1838) ne ronge pas une noisette, mais la pomme de discorde qui ne cessa d'opposer les deux hommes. Lors de l'expédition scientifique en Égypte, le premier réussit à rassembler tous les poissons du Nil et fut fait chevalier, portant *tiercé en bande d'or, de gueules et d'argent, l'or à la pyramide de sable, le gueules au signe des chevaliers, l'argent au crocodile d'azur.* L'autre, que Balzac surnomma le baron-cerceau, devint secrétaire perpétuel de l'Académie des Sciences et pair de France en 1831. Aujourd'hui, la querelle continue : la rue Cuvier monte autant que la rue Geoffroy Saint-Hilaire descend vers la pizza qui s'appela longtemps *Amore Mio*, où se retrouvent souvent les cinglés du Muséum d'Histoire Naturelle dont les grilles, depuis Buffon, se ferment tous les jours à l'heure exacte du coucher du soleil.

Merci au relecteur du texte qui a éclairé de notes les références données par Hudson.

P.R.

Table des matières

Hudson, l'homme aux oies, par Patrick Reumaux...   7

Conseils aux chasseurs de vipères   11

Un bois de pins près de la mer   33

Automne 1912..   45

Adieu aux ailes..   71

Notule sur les illustrations   97

Ce volume,
le cinquième de la collection « De natura rerum »,
publié aux éditions Klincksieck,
a été achevé d'imprimer en mai 2015
sur les presses de l'Imprimerie de la Manufacture Imprimeur,
52200 Langres

N° d'éditeur : 00211
N° d'imprimeur : 150430
Dépôt légal : juin 2015